生の**お米**を**パン**に変える魔法のレシピ

はじめての生米パン

リト史織

光文社

Introduction

はじめに

からだにやさしいお米のパン。
もっと手軽においしく、安心な材料でつくれたら──。
食と健康について学び続けてきた私は、できるだけシンプルな
素材を、シンプルに調理することの大切さを実感していました。
そんな思いから、お米のパンを、米粉ではなく
お米そのものを使って焼きたいと考えるようになりました。
そして、米粉がつくられる工程を自分で再現できないだろうか
とミキサーに生のお米を入れてみることにしたのです。
とろりとした生地を型に流し、ドキドキしながらオーブンへ。
すると出てきたのは……ふわっふわの香ばしいパン。
焼き立てをほおばったときのおいしさといったら！

その日から、私の「生米パン」づくりの日々が始まりました。
もっとおいしい材料の配合は？　かんたんにつくるには？
……朝から晩まで、パンのことで頭がいっぱい。
ミキサーが回り続けるキッチンで私の中にあったのは、
たくさんの人に生米パンのおいしさを
味わってもらいたいという思い。
そうしてようやくできあがった、最高の「生米パン」を
この本にまとめています。

「食」は、だれでも同じ食卓で一緒に楽しめるものであってほしい。
生米パンは、それを叶えてくれると信じています。
「今日はお米を炊こうかな、お米を焼こうかな」
そんな日々の会話が、世界中に広がりますように。

リト史織

Contents

目次

Chapter 1

毎日焼きたいアレンジレシピ
いろいろ生米パン

Chapter 2

定番の一品がおうちで焼ける
ベーカリー風
生米パン

Chapter 3

からだにやさしい自然な甘さ
生米スイーツ

Chapter 4

オーブンなしでかんたんお手軽
フライパンで
生米パン

Chapter 5

暮らしを彩る食卓のアイデア
生米パンのおとも

この本の約束

● 材料表の米の重量は、（　）に浸水済の米の重量を目安で入れています。

● 単位は、小さじ1＝5㎖、大さじ1＝15㎖、1カップ＝200㎖です。g表記のあとに（　）内で目安で入れています。

● 型のサイズは内寸を表示しています。

● 焼き時間は目安です。オーブンは各取扱説明書に従い、特性に合わせて、様子を見ながら調整してください。

● 米は銘柄、産地、季節によって水分量に差があります。混ぜ上がりの生地のやわらかさを参考にして、加える水分の量を調整してください。

● 野菜類は、特に表記のない場合は、洗う、皮むきといった作業後からの手順を説明しています。

● 豆乳は成分無調整のものを使用しています。

● ナッツや豆、ハーブ類は基本的に生のものを使用しています。

● ココナッツオイルが固まっているときは、温めてから使用してください。

I can't wait!

It looks delicious!

1

かんたん！

発酵は1回だけ

一般的なほとんどのパンが、焼くまでに2回生地を発酵させますが、生米パンは1回でOK。発酵回数が少ないぶん作業時間も短いので、思い立ったらすぐに焼けます。

こねずに混ぜるだけ

生米パンは、材料をそろえたら、あとはミキサー任せ。打ち粉をして、力いっぱいコネコネ……という作業は不要で、手間も洗いものも少なくて済みます。

からだにいい！

生のお米の
栄養そのまま！

米粉のように製粉されたものは、酸化しやすいという一面が。生米パンは米を自分で粉砕しながらつくるので、酸化しにくく、新鮮なお米の栄養を丸ごととれます。

小麦粉・卵・乳製品
不使用！

本書のレシピはすべて、植物性の食材のみを使用したヴィーガンレシピ。小麦粉も使っていないので、各種アレルギーをお持ちの方にもつくっていただけます。

おいしい！

翌日もおいしい！

焼き立てはもちろん、焼いた次の日にもしっとりとしておいしいのも生米パンの特徴。製粉された米粉ではなく生の米を使っているからこそのメリットです。

ふわふわ、もちもち！

米に含まれるアミロペクチンとアミロースという2種類のデンプン。この2つの絶妙なバランスによって、生米パン特有の、ふわふわ、もちもち感が楽しめます。

生米パンの道具

特別な道具をそろえなくても、
ほとんどが基本的な調理器具ばかり。
これらがあれば、すぐに焼けます。

ミキサー

生米パンに欠かせない道具。できる
だけ攪拌力の強いものを使うほうが、
米が微細に粉砕されて、きめが細か
くふっくらした仕上がりになるので
おすすめです。ほかのミキサーやフ
ードプロセッサーでも、ポイント
(p.21参照)をおさえればおいしく焼
くことができます。

リトさんの使用機種：
Vitamix E310、Vitamix TNC5200（以上
Entrex）

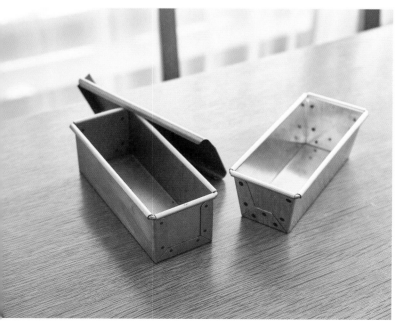

型

「きほんの生米パン」は1/3斤食パン
型(写真左)でつくっています。100
円ショップ等で手に入るミニパウン
ド型を使ってもOK。大きい型を使
うとパンの高さが出にくいため、材
料表に記載の型のサイズを目安に、
近い大きさのものを選びましょう。

リトさんの使用品：
スリム食パン焼型（1/3斤・16.5×6.2×6cm）
（富澤商店）

キッチンツール

初心者の方はデジタル秤を使うのが
おすすめ。また白神こだまなどの酵
母を使う際は温度管理が大切なため、
慣れないうちは温度計を使って。生
地をこそげるゴムべらや、乾燥しや
すい生地に水分を補う霧吹きは必需
品。生米パンの生地はくっつきやす
いため、型には必ずシリコン加工の
オーブンシートを敷いて。マフィン
型等で使うグラシンカップも、シリ
コン加工のものを。

オーブン

はじめて焼くときは焼成中に
外から焼き色を確認して

電気オーブンでもガスオーブンでも可。オーブ
ンの特徴がわかるまでは焼き色を確認しながら
焼きましょう。焼き色がつかない場合は、焼成
時間を長くするのではなく温度を上げて調整を。

焼き始めから庫内が高温に
なるように必ず予熱を

庫内が焼成の設定温度に上がるまで、一般的に
5〜10分かかります。予熱せずに生地をオーブ
ンに入れると、焼き上がりの状態が違ってくる
ことがあります。

生米パンの材料

基本の材料はこの6点だけ。
これらをベースに、さまざまな
アレンジパンも楽しめます。

米

炊くと粘り気のある米（コシヒカリなど）はもっちりしたパンに、粘り気の少ない米（ササニシキなど）はふんわりしたパンに仕上がります。同じ銘柄でも産地や収穫時期によって特徴が異なります。玄米や発芽玄米、雑穀入り米でもつくれますが、もち米は粘り気が強すぎるためおすすめしません。

リトさんの使用品：森のおたから米　朝日（宍戸農園）

酵母

本書で使用する白神こだま酵母は、自然界の酵母をそのまま培養していて風味よい仕上がりになります。通常、ぬるま湯で溶かしてから使用しますが、生米パンではその必要はありません。インスタントドライイーストは発酵温度の幅が広く、生米パン初心者におすすめ。

リトさんの使用品：白神こだま酵母　ドライ（サラ秋田白神）

糖類

酵母菌のえさとなり、パンがふくらむのを助ける糖類。パンをしっとりさせたり、日もちをよくしたりする作用もあります。本書のレシピではメープルシロップを使用していますが、普通の砂糖やはちみつでも可。できるだけ精製度の低いものを使うのがおすすめです。

リトさんの使用品：オーガニックメープルシロップ・ゴールデン／デリケートテイスト（こだわり食材572310.com）

塩

米のうまみや甘みを引き出し、パンの風味をよく
します。精製されたものは塩味が鋭く出ることが
あるので、海水塩や岩塩などがおすすめ。また塩
の種類や粒子の細かさによってしょっぱさに違い
があるため、いろいろな塩で試して、お好みの塩
や量を見つけましょう。

リトさんの使用品：能登　わじまの海塩（美味と健康）

油

油を入れることで、パンがしっとりやわらかくな
り、きめが細かく整います。なたね油、オリーブ
オイル、ココナッツオイルなどからお好みのもの
を選んで使って。原料に圧力をかけて油を絞り取
る「圧搾法」という製法によってつくられている
ものが栄養素をそのままとれるのでおすすめです。

リトさんの使用品：平出の菜種油（平出油屋）

湯

酵母が働きやすい生地温度にするために加える湯。
ただし「50℃の湯」は厳密に50℃でなくても、
熱湯1：水1を混ぜた、やや熱い湯（約55℃）を
加えれば十分です。また米は銘柄などによって水
分含有量に差があるため、各レシピの湯や水は、
それぞれの生地のやわらかさを参考に、分量から
10g程度、量を加減しながら加えましょう。

生米パンはとってもかんたん！

難しそうなイメージのあるパンづくりですが、
生米パンなら、大きく分けてたった4ステップで完成。
しかもミキサー任せなので実質の作業時間は約10分です。

1 材料を準備

材料をそろえて計量。ミキサーのカップを秤の上に置いて、量りながら加えていくと簡単。分量が多少アバウトでもおいしく焼けるのが、生米パンのいいところです。

RICE

MAPLE SYRUP　SALT　HOTWATER　OIL　YEAST

2 ミキサーで混ぜる

材料を入れたらミキサーで撹拌するだけ。パワーの強いミキサーなら、2〜3分混ぜれば生地の完成。こねる必要がないから力を使わず、洗いものも少なくてラクチンです。

3

発酵させる

型に入れたパン生地を、酵母の力で発酵させます。焼成するまでに発酵は1回のみ。20〜30分生地がふくらむまで待ちます。この間に、片付けをしてもひと休みしても。

4

焼く

温めたオーブンに生地を入れて焼きます。パンがふくらみ、おいしそうな焼き色がついたら完成！　ふんわり焼き立てか、冷めてしっとりしてきたものか、お好みで楽しんで。

きほんの生米パンの つくり方

まずは白米を使った、
もっちりふわふわの生米パンから。
これをベースにさまざまなアレンジが
できるので、ぜひマスターして。

材料	⅓斤食パン型 (16.5×6.2×6㎝) 1台分

A
- 米 … 115g(浸水済150g)
- 油 … 13g(大さじ1)
- メープルシロップ*¹ … 8g(小さじ1)
- 塩 … 2g(小さじ½弱)
- 湯(つくり方**3**参照) … 70〜75g

- 酵母*² … 3g

＊1：または砂糖5g＋水5g
＊2：インスタントドライイーストの場合は2g

米を浸水させる

軽く洗った米をボウルに入れ、水1カップ程度（分量外）を加えて2時間（冬場は3時間）以上浸す。

＊心配な人は冷蔵庫で。 1～2日に一度水を替えれば、冷蔵庫で4～5日は保存可能。 夏場は2～3日で使いきって。

型を準備する

型にオーブンシートを敷く（p.58参照）。

湯を準備する

鍋に水を入れて温め、約50℃の湯をつくる。

＊沸騰した湯と水道水を1：1で混ぜると約55℃の湯がつくれる。

米の水けを切る

米をざるに上げ、数回ざるを上下させてしっかりと水けを切る。

＊水けが残っていると生地がやわらかくなりすぎるので注意。 また乾きやすいのでミキサーに入れる直前に水けを切る。

材料をミキサーに入れる

Ａをすべてミキサーに入れ、最後に酵母を入れる。

＊酵母は高温に弱いので、 湯をミキサーに入れて少し温度が下がったところに入れる。

ミキサーで撹拌する

ミキサーで30秒程度回しては止める動作を3～4回くり返す。途中、ミキサーの側面に飛び散った生地を、ゴムべらでこそぎ落として全体を均等に撹拌する。

＊長時間連続してミキサーを回すと、 生地の温度が上がりすぎることがあるので注意。

細いリボン状になって落ちるなめらかさ。のりのようにべたっとしている

▶ ## なめらかになったらOK

ざらつきがなくなったらミキサーでの攪拌は完了。このとき生地の温度が約40℃（人肌程度）になっていると発酵しやすい。

＊ざらつきや水っぽさがあるときは米が十分に細かくなっていない証拠。 とろりとなめらかになるまで混ぜる。

乾燥しやすいので、水分を補って

▶ ## 型に入れて霧を吹く

型に生地を流し込む。霧吹きで表面全体に行きわたるくらいの水を吹きかけ、ふたをする（アルミホイルで覆ってもよい）。

＊生地が乾燥していると、 焼き上がりにヒビ割れの原因になる。

▶ ## 生地を発酵させる

オーブンの発酵機能を使って40℃で15〜20分発酵させる（発酵機能のないオーブンの場合はp.20を参照）。

▶ ## 型を取り出しオーブンを予熱

生地がもとの1.5倍程度までふくらんだらオーブンから取り出し、室温においておく。オーブンを180℃に予熱し始める。

＊予熱している時間に発酵がさらに進む。 過発酵(p.20参照)になりそうなときは、 予熱完了前でも焼き始める。

2倍以上ふくらまないよう注意!

▶ ## 2倍程度にふくらんだら焼く

予熱が完了し、生地がもとの2倍程度にふくらんだら、焼く直前に表面に霧を吹き、30分焼く。

▶ ## 粗熱を取って型から出す

表面にこんがり焼き色がついていたらオーブンから出す。粗熱が取れたら型から出す。

玄米パンのつくり方

生米パンは玄米を使ってもつくれます。
玄米独特の香ばしさがほんのり漂う、
滋味深いパンになります。

材料 ⅓斤食パン型
(16.5×6.2×6cm) 1台分

A
- 玄米 … 115g(浸水済150g)
- 油 … 13g(大さじ1)
- メープルシロップ*¹ … 8g(小さじ1)
- 塩 … 2g(小さじ½弱)
- 湯(p.16 つくり方**3**参照) … 65〜70g

- 酵母*² … 3g

＊1：または砂糖5g＋水5g
＊2：インスタントドライイーストの場合は2g

つくり方

1 軽く洗った玄米をボウルに入れ、1カップ程度の
水(分量外)を加えて一晩(8〜10時間)以上浸す。
＊玄米は白米よりかたいので、浸水時間を長くする。心配な人は冷蔵庫
に入れ、その場合は12時間以上浸水させる。

2 「きほんの生米パン」(p.16〜17参照)の**2**〜**6**と
同様にする。

3 なめらかになって、すくい上げるとポタポタと生
地が落ちるくらいになるまで混ぜる(**a**)。

4 「きほんの生米パン」の**8**〜**12**と同様にする。

米ぬかの茶色い粒子が見えている状態でOK

生米パン **Q**&**A**

発酵について

Q1 正しい発酵の状態が よくわかりません

Answer
焼くときに生地が もとの約2倍になるように

発酵不足だとふくらまず、発酵しすぎる（過発酵）ときめが粗くなる原因に。もとの生地の約2倍になったときに焼くと、きめ細かくふっくらと仕上がります。オーブンで発酵させて、1.5倍程度（夏場は1.2倍程度）になったら取り出し、予熱を待つ間は室温で発酵させて。室温での発酵が思ったより早く進んで過発酵になりそうなら、予熱完了前でもオーブンに入れて焼き始めましょう。

発酵前

生地の高さの変化を見るには、型の上縁から生地表面までの長さを測って確認するとよい

1.5倍にふくらんだ状態

オーブンから取り出し、室温が低ければ窓辺や熱を発する家電の近くなど暖かい場所に置いて、さらに発酵させる

NG

過発酵
気泡が粗く、型からはみ出るほどふくらんだものは過発酵のサイン

2倍にふくらんだ状態

もとの2倍の高さにまで発酵したもの。細かい気泡も見える

Q2 オーブンに発酵機能が ない場合はどうする？

Answer
オーブンの一時加熱や 保存容器を使う方法で

特別な「発酵」の機能がなくても、たいていのオーブンで、温度設定を低温（40℃）にして運転すれば、発酵の最適環境がつくれます。低温の設定ができない機種の場合は、右のような方法を試してみて。また、フライパンと鍋を使って発酵させる方法もあります（p.79 ピザの発酵方法を参照）。

オーブンを10秒加熱し余熱を利用して発酵

焼成温度で10秒ほど（冬場は30秒）加熱し、余熱で庫内が暖かくなったらコップに入れた湯と生地を庫内に入れて発酵

湯と一緒に保存容器に入れておく

保存容器に、コップに入れた熱めの湯と、生地を入れてふたをして室温におく。途中、湯温が下がったら温める

Q3 発酵が進まないのはなぜ？

Answer

生地温度が低くて発酵が遅い可能性が

酵母を使うレシピで湯を加えるのは、酵母が活発に働く生地温度にするため。生地温度が人肌の温度より著しく下がると、酵母の働きが弱まって発酵に時間がかかります。その場合、発酵時間を長くして生地が2倍になるまで待ちましょう。また酵母は高熱に弱いため、加える湯温やオーブンでの発酵温度が高すぎても発酵が止まってしまいます。

道具について

Q4 フードプロセッサーやハンドブレンダーでもつくれる？

Answer

フードプロセッサーはポイントをおさえれば大丈夫

機種による差はあるものの、概ねミキサーが食材を液状にする器具であるのに対し、フードプロセッサーは食材を細かく刻む器具です。フードプロセッサーを使う場合は、攪拌不足になりやすいため、右のポイントに注意して使って。ハンドブレンダーは定格時間が短いものや、少量ずつしか攪拌できないものが多く、時間がかかるのでおすすめできません。

① 生地に、のりのような粘り気のあるとろみが出てなめらかになるまでしっかり米を粉砕する（目安合計約5分）。

② 攪拌に時間がかかるぶん生地温度が下がりやすいので、材料の湯の温度を60℃くらいにするとよい。生地の発酵時間も長めにとって（目安30〜40分）、しっかり発酵させる。

その他

Q5 「1斤食パン型」で焼いてみたい！

Answer

3倍量を攪拌力の強いミキサーで

容量が大きく攪拌力が強いミキサーを使えば、「きほんの生米パン」の材料の3倍量で1斤の食パンがつくれます。容量が大きくても攪拌力が弱いミキサーだと、生地がなめらかになりません。ふたをつけて角食パンを焼く場合は、材料の2.8倍量でつくりましょう。

Q6 米をまとめて浸水して使ってもいい？

Answer

冷蔵庫に入れて水を替えれば4〜5日は使えます

慣れてきたら米をまとめて浸水しておき、必要なぶんを取り出して使うと便利。米は浸水させると乾燥時の約1.3倍の重量になります。各レシピの米の分量に、浸水済の米の重量を付記してあるので参考にして。浸水時は冷蔵庫に入れ、1〜2日おきに水を取り替えて。

よくある焼き上がりの失敗と原因
こんなとき次からどうする?

失敗1 きめが粗い&穴があいた!

原因1
攪拌不足

攪拌が不十分で米の粒子が粗いため、きめが粗くなったと考えられます。米が微細になり、とろりとなめらかになるまでしっかり攪拌しましょう。

原因2
発酵させすぎた(過発酵)

生地がもとの2倍より大きくなるまで発酵させると発酵が過剰。生地中の気泡が大きくなって、きめが粗くなったり、穴があいたりします。

失敗2 生地がふくらまない!

原因1
攪拌不足

攪拌が不十分で、米の粒子が粗く生地が重いため、ふくらまなかったと考えられます。とろりとなめらかになるまでしっかり攪拌して。

原因2
発酵が足りない

生地が十分に発酵しないまま焼成を始めたため、ふくらまなかったと考えられます。もとの生地の2倍になるのを待ってから焼き始めましょう。

失敗3 表面がヒビ割れた!

原因1
生地が乾燥していた

生地表面が乾燥していたため、ヒビが入ったと考えられます。生地を型に入れた後と焼く直前に、表面に霧を吹いて水分を補って。

原因2
熱風が当たっていた

コンベクションオーブンなどで熱風が生地に直接当たると乾燥してヒビ割れてしまいます。アルミホイルで覆って焼いてみましょう。

失敗4 中央が陥没した!

原因1
攪拌不足

攪拌が不十分で水っぽい生地になり、ふくらんでも維持できず陥没したと考えられます。粘り気のあるとろみが出るまでしっかり攪拌して。

原因2
水分過多

米の水切りが不十分で水分が過多になり、生地の粘度が足りずふくらみを維持できなかったと考えられます。米はしっかりと水切りをして。

Chapter 1

毎日焼きたいアレンジレシピ

いろいろ生米パン

「きほんの生米パン」にさまざまな食材を加えて
つくるアレンジパン。食材ごとに食感や栄養に
違いがあるので、その日の気分で選んで焼いて。

粘り気のあるもち系雑穀だともちもちに、
あっさりしたうるち系雑穀だと
ふんわりとした焼き上がりに。
雑穀による違いを楽しんで。

雑穀パン

材料	⅓斤食パン型 (16.5×6.2×6cm)1台分

A
- 雑穀ミックス*¹ … 30g(浸水済55g)
- 米 … 90g(浸水済120g)
- 油 … 13g(大さじ1)
- メープルシロップ*² … 8g(小さじ1)
- 塩 … 2g(小さじ½弱)
- 湯(p.16 つくり方**3**参照) … 65g

- 酵母*³ … 3g

*1：市販のもの。好みの雑穀を入れてもよい。
*2：または砂糖5g＋水5g
*3：インスタントドライイーストの場合は2g

つくり方

1 「きほんの生米パン」(p.16〜17参照)の **1** と同様に米を浸水する際、軽く洗った雑穀ミックスも加えて一緒に浸水させる。

2 「きほんの生米パン」の **2**〜**3** と同様にする。

3 **1**の米と雑穀ミックスをざるに上げ、数回ざるを上下させてしっかりと水けを切る。

4 「きほんの生米パン」の **5**〜**12** と同様にする。

栄養たっぷりのそばも、
粉ではなく実をそのまま使ってパンに。
口の中にふわっと広がるそばの香りを
感じながら味わって。

そばの実パン

| 材料 | ⅓斤食パン型
(16.5×6.2×6cm) 1台分 |

A
- そばの実 … 30g（浸水済50g）
- 米 … 90g（浸水済120g）
- 油 … 13g（大さじ1）
- メープルシロップ*¹ … 8g（小さじ1）
- 塩 … 2g（小さじ½弱）
- 湯（p.16 つくり方**3**参照）… 60g
- 酵母*² … 3g

＊1：または砂糖5g＋水5g
＊2：インスタントドライイーストの場合は2g

つくり方

1 「きほんの生米パン」（p.16〜17参照）の**1**と同様に米を浸水する際、軽く洗ったそばの実も加えて一緒に浸水させる。

2 「きほんの生米パン」の**2**〜**3**と同様にする。

3 **1**の米とそばの実をざるに上げ、数回ざるを上下させてしっかりと水けを切る。

4 「きほんの生米パン」の**5**〜**12**と同様にする。

Which one
do you like?

さつまいもの生米パン

材料	⅓斤食パン型 (16.5×6.2×6㎝)1台分

- さつまいも(皮をむき2〜3㎝角に切る)
  … 30g
- 米 … 115g(浸水済150g)
- **A** 油 … 13g(大さじ1)
- メープルシロップ*¹ … 8g(小さじ1)
- 塩 … 2g(小さじ½弱)
- 湯(p.16 つくり方**3**参照)… 50g
- 酵母*² … 3g

＊1：または砂糖5g＋水5g
＊2：インスタントドライイーストの場合は2g

つくり方

「きほんの生米パン」(p.16〜17参照)の**1**〜**12**と同様にする。

Bon appetite

生のさつまいもを、下処理せずに
ミキサーで混ぜるだけ。
さつまいものでんぷんも加わって、
さらにもっちりした食感に。

ナッツの生米パン

材料	⅓斤食パン型 (16.5×6.2×6㎝) 1台分

- **A**
  - ・ナッツ(アーモンド、くるみ、カシューナッツなど)＊¹ … 30g
  - ・米 … 115g(浸水済150g)
  - ・油 … 13g(大さじ1)
  - ・メープルシロップ＊² … 8g(小さじ1)
  - ・塩 … 2g(小さじ½弱)
  - ・湯(p.16 つくり方**3**参照) … 70g
- ・酵母＊³ … 3g

＊1：生を使うほうが風味やふくらみがいいが、市販の素
　　焼きナッツでもよい。
＊2：または砂糖5g＋水5g
＊3：インスタントドライイーストの場合は2g

つくり方

「きほんの生米パン」(p.16〜17参照)の **1**〜**12**と同様
にする。

かたいナッツをそのまま生地に練り込む、
生米パンならではのアレンジ。
米の甘さの中に、ナッツの
香ばしさがほのかに広がります。

カラフル野菜パン

野菜をそのまま練り込む、
目にも鮮やかなパン。
ゆでるなどの下処理は不要で、
野菜の栄養をすべてとれます。

つくり方 すべて共通

「きほんの生米パン」(p.16〜17参照) の
1〜**12**と同様にする。

黒ごまパン

材料	1/3斤食パン型 (16.5×6.2×6cm) 1台分

A
- 黒ごま*1 … 10g
- 米 … 115g (浸水済150g)
- 油 … 13g (大さじ1)
- メープルシロップ*2 … 8g (小さじ1)
- 塩 … 2g (小さじ½弱)
- 湯 (p.16 つくり方**3**参照) … 75g
- 酵母*3 … 3g

＊1：黒いりごまでもよい。
＊2：または砂糖5g＋水5g
＊3：インスタントドライイーストの場合は2g

ビーツパン

材料	1/3斤食パン型 (16.5×6.2×6cm) 1台分

A
- ビーツ (皮をむき2〜3cm角に切る) … 30g
- 米 … 115g (浸水済150g)
- 油 … 13g (大さじ1)
- メープルシロップ*1 … 8g (小さじ1)
- 塩 … 2g (小さじ½弱)
- 湯 (p.16 つくり方**3**参照) … 45g
- 酵母*2 … 3g

＊1：または砂糖5g＋水5g
＊2：インスタントドライイーストの場合は2g

パプリカパン

材料	⅓斤食パン型 (16.5×6.2×6 cm) 1台分

A
- 赤パプリカ(2〜3cm大に切る)… 30g
- 米 … 115g(浸水済150g)
- 油 … 13g(大さじ1)
- メープルシロップ*¹ … 8g(小さじ1)
- 塩 … 2g(小さじ½弱)
- 湯(p.16 つくり方**3**参照)… 35g
- 酵母*² … 3g

＊1：または砂糖5g＋水5g
＊2：インスタントドライイーストの場合は2g

ほうれんそうパン

材料	⅓斤食パン型 (16.5×6.2×6 cm) 1台分

A
- ほうれんそう(2〜3cm長さに切る)… 15g
- 米 … 115g(浸水済150g)
- 油 … 13g(大さじ1)
- メープルシロップ*¹ … 8g(小さじ1)
- 塩 … 2g(小さじ½弱)
- 湯(p.16 つくり方**3**参照)… 60g
- 酵母*² … 3g

＊1：または砂糖5g＋水5g
＊2：インスタントドライイーストの場合は2g

にんじんパン

材料	⅓斤食パン型 (16.5×6.2×6 cm) 1台分

A
- にんじん(皮をむき2〜3cm角に切る)… 30g
- 米 … 115g(浸水済150g)
- 油 … 13g(大さじ1)
- メープルシロップ*¹ … 8g(小さじ1)
- 塩 … 2g(小さじ½弱)
- 湯(p.16 つくり方**3**参照)… 45g
- 酵母*² … 3g

＊1：または砂糖5g＋水5g
＊2：インスタントドライイーストの場合は2g

素材ころころパン

素材を丸ごと入れて、食感や
味の違いを楽しむパンです。
紹介するレシピを参考に、
お好みでほかの素材を試してみても。

つくり方　すべて共通

1 「きほんの生米パン」(p.16〜17参照)の **1**〜**7** と同様にして、
生地をつくる。

2 **1**に各★印の材料を加えて、ゴムべらなどで軽く混ぜる。

［甘栗パンのみ］
型に生地を流し込み、むき甘栗を埋め込むようにして入れ
る。霧吹きで表面全体に行きわたるくらいの霧を吹き、ふ
たをする（アルミホイルで覆ってもよい）。

3 「きほんの生米パン」の **8**〜**12**（甘栗パンのみ **9**〜**12**）と
同様にする。

枝豆パン

材料	⅓斤食パン型 (16.5×6.2×6 cm) 1台分

- 「きほんの生米パン」の材料(p.15参照)… 全量
- ★枝豆(塩ゆでして実を取り出す)… 60g

コーンパン

材料	⅓斤食パン型 (16.5×6.2×6 cm) 1台分

- 「きほんの生米パン」の材料(p.15参照)… 全量
- ★とうもろこし(塩ゆでして実をこそげ取る)＊1… 60g

＊1：缶詰を使う際はよく水けを切る。

小豆パン

材料	⅓斤食パン型 (16.5×6.2×6 cm) 1台分

- 「きほんの生米パン」の材料(p.15参照)… 全量
- ★小豆(塩ゆでしたもの)＊1… 60g

＊1：小豆をゆでてやわらかくしたもの。市販の蒸し小豆などでもよい。

甘栗パン

材料	⅓斤食パン型 (16.5×6.2×6 cm) 1台分

- 「きほんの生米パン」の材料(p.15参照)… 全量
- ★むき甘栗(市販品)… 100g

ナッツ＆ドライフルーツのパン

材料	⅓斤食パン型 (16.5×6.2×6 cm) 1台分

- 「きほんの生米パン」の材料(p.15参照)… 全量(湯は75gにする)
- ★ドライフルーツ(レーズン、クランベリー、いちじくなど)＊1… 30g
- ★ナッツ(ロースト。くるみ、カシューナッツ、アーモンドなど)＊2… 30g

＊1：10分ほどぬるま湯に浸けてから軽く絞っておく。
＊2：160℃のオーブンで10分ほど (アーモンドは150℃で15分)
　　　ローストしたもの。市販の素焼きナッツでもよい。

発酵いらずのかんたんパン
クイックブレッド

Yum!

材料	⅓斤食パン型 (16.5×6.2×6cm) 1台分

A
- 米 … 115g（浸水済150g）
- 油 … 20g（大さじ1½）
- メープルシロップ*1 … 8g（小さじ1）
- レモン汁 … 5g（小さじ1）
- 塩 … 2g（小さじ½弱）
- 水 … 70g
- ベーキングパウダー … 4g

＊1：または砂糖5g＋水5g

つくり方

1 「きほんの生米パン」(p.16〜17参照) の **1**、**4**と同様に米を浸水し、使う直前によく水けを切る。

2 型にオーブンシートを敷く（p.58参照）。オーブンを180℃に予熱する。

3 **A**をすべてミキサーに入れ、「きほんの生米パン」の**6**と同様に攪拌する。ざらつきがなくなり、とろりとなめらかになるまでしっかりと混ぜる。

4 生地をボウルに取り出し、ベーキングパウダーを加えてゴムべらで手早く混ぜる。

＊次の**5**で型に生地を流し込む際に手早く作業できるように、生地をボウルに移してから混ぜる。ゆっくり行うとふくらみが悪くなる。

5 型に生地を流し込み、表面全体に行きわたるくらいの霧を吹いてから、オーブンで30分、こんがり焼き色がつくまで焼く。

酵母の代わりにベーキングパウダーを
使ってふくらませるお手軽レシピ。
時間のないときでもさっとつくれます。
つくった日のうちに食べるのがおすすめ。

おいしく食べるための
生米パンの切り方と保存テク

焼き立てはもちろん、翌日以降もおいしさが続くのが生米パンの特徴。生米パンをよりおいしく食べる方法をご紹介します。

焼き立ては、キッチンばさみで
切り込みを入れてから

焼き立てはやわらかく、包丁で切ったり手で割ったりするとつぶれてしまいます。きれいに分けるには、キッチンばさみで角に少し切り込みを入れてから手でちぎって。包丁で切る際はパンが完全に冷めてからにしましょう。

食べきれないぶんは
スライスして冷凍保存を

生米パンは常温で2〜3日（夏場は1〜2日）はおいしく食べられますが、食べきれなければ冷凍保存を。スライスしてからファスナーつき保存袋に重ならないように入れて冷凍します。2週間以内に食べきりましょう。

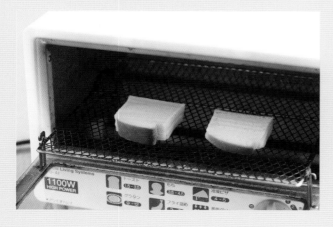

トースターで焼くと
カリッとした香ばしさに

生米パンはそのまま食べてもおいしいパンですが、トーストすると表面がカリッとして、焼き立てとはまた違う香ばしさを楽しめます。冷凍保存したパンは、凍ったままトースターで焼きましょう。

Chapter 2

定番の一品がおうちで焼ける
ベーカリー風生米パン

おなじみの人気パンも、生米を使ってつくれます。
ふだんの食事からおもてなしに向くものまで。
栄養豊富で、子どものおやつにもぴったりです。

4種の
フォカッチャ

料理教室でも大人気の一品。
生地に大豆を入れることで
よりふっくらした食感と風味を出します。
プレーンは、スライスしてサンドイッチ
にして食べるのもおすすめ。

プレーンのフォカッチャ

材料　バット（17×17×3cm）1台分

- **A**
  - じゃがいも（皮をむき2〜3cm角に切る）… 80g
  - 米 … 230g（浸水済300g）
  - オリーブオイル … 26g（大さじ2）
  - 大豆（乾燥）… 5g（5〜6粒）
  - 塩 … 4g（小さじ1弱）
  - 湯（p.16 つくり方**3**参照）… 90g
- 酵母*1 … 6g
- オリーブオイル（表面塗布用）… 適量
- 塩（仕上げ用）… 適量
- 粗びき黒こしょう … 適量

＊1：インスタントドライイーストの場合は4g

つくり方

1 大豆はさっと洗い、たっぷりの水に一晩（8〜10時間）浸けて、水けを切る。

2 「きほんの生米パン」（p.16〜17参照）の**1**〜**10**と同様にする。

3 予熱が完了し、生地がもとの2倍程度にふくらんだら、スプーンで表面にオリーブオイルを塗る。

4 指で深さ1cmくらいの穴を8〜10か所あける。塩、こしょうをふる。

5 180℃に温めたオーブンで30分、表面にこんがり焼き色がつくまで焼く。

オリーブのフォカッチャ

材料　バット（17×17×3cm）1台分

- 「プレーンのフォカッチャ」の材料 … 全量
- 黒オリーブ（種なし。半分に切る）… 15〜20個分（40g）

つくり方

「プレーンのフォカッチャ」の**1**〜**3**と同様にしたら、オリーブをのせて塩、こしょうをふり、「プレーンのフォカッチャ」の**5**と同様にする。

パプリカのフォカッチャ

材料　バット（17×17×3cm）1台分

- 「プレーンのフォカッチャ」の材料 … 全量
- パプリカ（赤・黄など好みの色。2〜3cm大に切る）… 1個分
- オリーブオイル … 大さじ1
- ローズマリー … 4枝

つくり方

1 「プレーンのフォカッチャ」の**1**〜**3**と同様にする。

2 パプリカにオリーブオイルをからめ、ローズマリーとともに生地の上にのせる。塩、こしょうをふる。

3 「プレーンのフォカッチャ」の**5**と同様にする。

ナッツカラメリゼの
フォカッチャ

材料　バット（17×17×3cm）1台分

- 「プレーンのフォカッチャ」の材料（塩〈仕上げ用〉、粗びき黒こしょう以外）… 全量
- ナッツ（アーモンド、カシューナッツ、くるみなど）*1 … 90g
- メープルシロップ … 大さじ1

＊1：市販の素焼きナッツでもよいが、焼くことで焦げ目が強く出ることがある。焼成途中で焦げが気になったらアルミホイルで表面を覆って焼く。

つくり方

1 ナッツを砕いてメープルシロップをからめる。

2 「プレーンのフォカッチャ」の**1**〜**3**と同様にしたら、**1**をのせて、「プレーンのフォカッチャ」の**5**と同様にする。

マフィン

生のアーモンドを加えることで
しっとり感を出しながら、
豆乳の力でふんわり仕上げます。
甘さ控えめで朝食にもおすすめ。

プレーンマフィン

材料	マフィン型 （口径5.6×高さ3.4cm）6個分

A
- 米 … 90g (浸水済120g)
- アーモンド(生)*1 … 20g
- 豆乳 … 50g
- メープルシロップ*2 … 40g
- レモン汁 … 5g(小さじ1)
- 塩 … 2g(小さじ½弱)

- 油 … 40g

B
- ベーキングパウダー … 4g
- ベーキングソーダ(重曹) … 1g

＊1：アーモンドプードルでもよい。
＊2：または砂糖27g＋水13g

つくり方

1 「きほんの生米パン」(p.16〜17参照)の **1**、**4**と同様に米を浸水させ、使う直前によく水けを切る。

2 オーブンを170℃に予熱する。

3 Aをすべてミキサーに入れて、「きほんの生米パン」の **6**と同様によく撹拌する。

4 油を加えて、生地がもったりとしてなめらかになるまでミキサーで撹拌する（**a**）。

＊油を先に加えると生地が重くなってミキサーが回りにくくなるため、最後に加える。ミキサーが回りにくければ低速にするか、ボウルに移してへらなどで混ぜてもよい。

5 生地をボウルに取り出し、Bを加えてゴムべらで手早く混ぜる。

＊次の**6**で型に生地を手早く流し込めるように、生地をボウルに移してからさっと混ぜる。

6 グラシンカップを敷いた型に生地を等分に流し込んだら、オーブンで20〜25分、表面に焼き色がつくまで焼く。

すくい上げても落ちず、やや重みを感じるかたさ

バナナココナッツマフィン

材料	マフィン型 （口径5.6×高さ3.4㎝）6個分

- 「プレーンマフィン」の材料 … 全量
- バナナ … 50g
- ココナッツファイン … 20g

つくり方

1 「プレーンマフィン」の**1**〜**2**と同様にする。

2 「プレーンマフィン」の**3**と同様に材料をミキサーに入れる際、バナナとココナッツファインも加えて一緒に攪拌する。

3 「プレーンマフィン」の**4**〜**6**と同様にする。

ほうじ茶と黒豆のマフィン

材料	マフィン型 （口径5.6×高さ3.4㎝）6個分

- 「プレーンマフィン」の材料 … 全量
- ほうじ茶パウダー … 小さじ1

[黒豆煮]
- 蒸し黒豆(無糖)*1 … 50g
- メープルシロップ … 大さじ2

*1：黒豆を蒸してやわらかくしたもの。市販のものでもよい。

つくり方

1 「プレーンマフィン」の**1**〜**2**と同様にする。

2 [黒豆煮]の材料を小鍋に入れて弱火で5〜10分、水分がなくなるまで煮たら火を止め、冷ましておく。

3 「プレーンマフィン」の**3**と同様に材料をミキサーに入れる際、ほうじ茶パウダーも加えて一緒に攪拌する。

4 「プレーンマフィン」の**4**と同様にする。

5 生地をボウルに移し、**2**を加えて全体を混ぜたら、**B**を加えてゴムべらで手早く混ぜる。

6 「プレーンマフィン」の**6**と同様にする。

うまみたっぷりのドライトマトを
生地に混ぜ込んだ塩味のケーキ。
そのままはもちろん、オリーブオイルを
つけて食べてもおいしいです。

じゃがいもとトマトの ケークサレ

It's baked!

材料 1/3斤食パン型
（16.5×6.2×6cm）1台分

- 米 … 90g（浸水済120g）
- ドライトマト*1 … 10g
- じゃがいも（皮をむき2〜3cm角に切る）… 40g
- **A** アーモンド（生）*2 … 20g
- 豆乳 … 60g
- レモン汁 … 5g（小さじ1）
- 塩 … 1.5g
- 油 … 40g
- **B** ベーキングパウダー … 4g
- ベーキングソーダ（重曹）… 2g
- タイム … 4〜5本
- 粗びき黒こしょう … 適量

＊1：オイル漬けを使用してもよい。その場合、油をよく切る。
＊2：アーモンドプードルでもよい。

つくり方

1 「きほんの生米パン」(p.16〜17参照）の **1**、**2**、**4** と同様にする。

2 熱湯にドライトマトを10分ほど浸けて、水けをよく絞っておく。

3 「プレーンマフィン」(p.42参照）の **3**〜**5** と同様にする。

4 生地を型に流し込んだら、タイムをのせ、黒こしょうをふり、170℃に温めたオーブンで30〜35分、表面にしっかり焼き色がつくまで焼く。

シナモンブレッド

材料	マフィン型 （口径7.5×高さ4cm）3個分

- 「きほんの生米パン」の材料（p.15参照）
  … 全量

［シナモンシロップ］

- シナモンパウダー … 小さじ1
- メープルシロップ … 小さじ2*1
- ココナッツオイル … 小さじ2

- メープルシロップ（焼き上げ用）
  … 適量

＊1：または砂糖小さじ2

つくり方

1 「きほんの生米パン」（p.16〜17参照）の **1** と同様に米を浸水する。

2 ［シナモンシロップ］の材料をよく混ぜておく。

3 「きほんの生米パン」の **3** 〜 **7** と同様にして生地をつくる。

4 型にグラシンカップを敷き、生地を1/6量ずつ流し込む。中央にシナモンシロップを1/6量ずつ入れ（ **a** ）、竹串で円を描くようにのばす（ **b** ）。

5 **4** の上に残りの生地を1/3量ずつのせる。残りのシナモンシロップを1/3量ずつ入れ、 **4** と同様に竹串で円を描くようにのばす。

6 表面に霧を吹いてから、全体をアルミホイルで覆ってふたをする。

7 「きほんの生米パン」の **9** と同様にして生地を発酵させる。

8 生地がもとの1.5倍程度までふくらんだらオーブンから取り出し、室温においておく。オーブンを180℃に予熱し始める。

9 予熱が完了し、生地がもとの2倍程度にふくらんだら、焼く直前に表面に霧を吹き、オーブンで15分焼く。

10 一度オーブンから取り出して、表面全体に、焼き上げ用のメープルシロップをスプーンの背などで塗る。
＊表面にメープルシロップを塗るとこんがりとした焼き色がつく。

11 再びオーブンに入れ、さらに5分、こんがり焼き色がつくまで焼く。

やわらかい生米パン生地でも、
ほんのひと手間できれいなマーブル状に。
シナモンの甘い香りが広がる、
しあわせな気持ちになれるパンです。

のせる素材は、たまねぎだけ。
材料はシンプルでも、パンにたまねぎの
力強い香りがほどよく移って、
存在感のある味わいになります。

オニオンブレッド

It's baking ♪

材料	⅓斤食パン型 (16.5×6.2×6cm) 1台分

- 「きほんの生米パン」の材料(p.15参照) … 全量

[トッピング]

- 紫たまねぎ(薄切り)＊1 … 小½個分(60g)
- オリーブオイル … 小さじ1
- 塩 … 小さじ½
- 粗びき黒こしょう … 適量

＊1：ふつうのたまねぎでもよい。

つくり方

1 「きほんの生米パン」(p.16〜17参照)の **1**〜**2**と
同様に、米を浸水し、型を準備する。

2 紫たまねぎをオリーブオイルであえる。

3 「きほんの生米パン」の **3**〜**7**と同様にして生地
をつくる。

4 型に生地を流し込み、**2**の紫たまねぎをのせたら
塩、黒こしょうをふり、ふたをする(アルミホイ
ルで覆ってもよい)。

5 「きほんの生米パン」の **9**〜**12**と同様にする。

あんパン
クリームパン
カレーパン

ベーカリーの定番といえばこれ！
人気の3品を、ちょっとアレンジして
オープンタイプにしてみました。
クリームも米でつくっています。

| 材料 | マフィン型（口径7.5×高さ4cm）5個分 |

- 「きほんの生米パン」の材料（p.15参照）… 全量
- 好みのフィリング（p.51参照）… 適量

| つくり方 | すべて共通 |

1 「きほんの生米パン」（p.16〜17参照）の **1**、**3**〜**7** と同様にして生地をつくる。

2 型にグラシンカップを敷き、生地を⅕量ずつ流し込み、中央に各［フィリング］を適量（あんこ：⅕量ずつ、お米クリーム：大さじ1½ずつ、カレー：大さじ2〜3ずつ）のせる（**a**）。

3 生地の表面に霧を吹いてから、アルミホイルで覆ってふたをする。

4 「きほんの生米パン」の **9** と同様にして生地を発酵させ、**10** と同様に予熱する。

5 予熱が完了し、生地がもとの2倍程度にふくらんだら、へりの生地の表面にスプーンの背で油（分量外）を薄く塗る（**b**）。

＊あんパンには好みでけしの実適量（分量外）をのせる。

6 オーブンで20分、こんがり焼き色がつくまで焼く。

［フィリング］

あんこ

材料 つくりやすい分量

- 小豆 … 100g • メープルシロップ[*1] … 50g
- 塩 … 1g（ひとつまみ）

＊1：または砂糖34g＋水16g

つくり方

1 小豆は洗って、水2カップ（分量外）とともに小鍋に入れ、中火にかける。沸騰したら弱火にし、10分ほど煮てから、ざるに上げる。

2 小豆を鍋に戻し、水2カップ（分量外）を入れ中火にかける。40分ほど小豆がやわらかくなるまで煮る。途中、水がなくなりそうになったら、水を加える。

3 鍋に水が残っていたらざるに上げ、小豆を鍋に戻し、残りの材料を入れ、木べらで混ぜながら、水分がなくなるまで弱火で煮る。

＊甘みが足りなければメープルシロップ（または砂糖）を足す。

カレー

材料 つくりやすい分量

- 油 … 大さじ1
- A
  - たまねぎ（みじん切り）… 小1個分（100g）
  - にんにく（みじん切り）… 小1かけ分
  - しょうが（みじん切り）… 小1かけ分
- B
  - カレー粉 … 小さじ1
  - ガラムマサラ … 小さじ1
- C
  - トマト（2cm角に切る）… 中1個分（150g）
  - レンズ豆（乾燥）… 100g
  - 塩 … 小さじ1弱
- しょうゆ … 小さじ1

お米クリーム

材料 つくりやすい分量

- A
  - ごはん（炊いたもの）[*1] … 40g
  - 豆乳 … 100g
  - メープルシロップ[*2] … 30g
  - バニラエクストラクト[*3] … 小さじ½
  - 塩 … 1g（ひとつまみ）
- ココナッツオイル … 25g

＊1：冷ましてから使用。かたくなったごはんは向かない。
＊2：または砂糖20g＋水10g
＊3：またはバニラエッセンス2〜3滴

つくり方

1 Aをすべてミキサーに入れ、なめらかなクリーム状になるまで撹拌する。

2 1にココナッツオイルを加えてさらに混ぜてもったりとしたクリームにする。

3 バットに取り出し、冷蔵庫で30分冷やす。

＊クリームを冷やし固めておくと、焼いたときにクリームが流れ出にくくなる。

つくり方

1 フライパンに油を入れて熱し、Aを入れて弱火でたまねぎがしんなりするまで2〜3分炒める。

2 1にBを加え、全体になじむまで炒める。

3 Cと水カップ1（分量外）を加えてふたをして、豆がやわらかくなり、水分がなくなるまで20分ほど煮る。

4 仕上げにしょうゆを加えて混ぜ、火を止める。

パイの代わりにクイックブレッドの
生地を土台に。豆腐のフィリングに
白みそを加えてコクを出します。
おもてなしにもぴったりの一品。

052

じゃがいもとたまねぎの 生米パンキッシュ

材料	タルト型

（直径22cm・底が取れるタイプ）1台分

- 「クイックブレッド」の材料（p.36参照）… 全量

[フィリング]

- 絹ごし豆腐 … 400g
- ココナッツオイル（または好みの油）
  … 大さじ1
- たまねぎ（薄切り）… 中1個分（200g）
- じゃがいも（皮をむいて細切り）
  … 小2個分（200g）
- 塩 … 小さじ1½
- 粗びき黒こしょう … 適量
- 白みそ … 30g
- 粒マスタード … 小さじ½
- タイム（飾り用）… 適量

フィリングのつくり方

1 豆腐をペーパータオルでくるんでバットに入れ、その上に皿などをのせて重しにする。冷蔵庫に一晩（8〜10時間）入れておき、約300gになるまでしっかり水を切る。

2 フライパンにココナッツオイルを入れて中火で熱し、たまねぎ、じゃがいもをしんなりするまで炒め、塩小さじ1と黒こしょうで味を調えたら火を止め冷ましておく。

3 **1**、白みそ、塩小さじ½をミキサーに入れてなめらかになるまで混ぜたらボウルに移す。粒マスタードと黒こしょうを入れて混ぜ、**2** も加えてざっと混ぜる。

つくり方

1 「クイックブレッド」（p.36参照）の **1** と同様にする。型にオーブンシートを敷く（p.58参照）。オーブンを200℃に予熱する。

2 「クイックブレッド」の **3** 〜 **4** と同様にして生地をつくり、型に流し入れる。その上に、端を2cmくらい残してフィリングを広げる（**a**）。

＊フィリングののっていない端の生地が、焼くとふくらんで壁のようになる。

3 タイムを散らして、オーブンで30分、表面に焼き色がつくまで焼く。

＊冷蔵で2〜3日保存可能。食べるときに200℃のオーブンで10〜15分焼くと表面がカリッとしておいしい。

A
ローズマリー
ポテト

B
紫たまねぎの
マリネ

C
スプラウト×
豆腐ディップ

E
黒豆×
お米クリーム

F
オレンジ×
豆腐クリーム

D
にんじんラペ

H
アボカド×
ローマヨネーズ

G
いちじく×
ローザワークリーム

パーティにもぴったり！
オープンサンド

そのままでもおいしい生米パンに、
お好みの具材をのせて華やかに。
色とりどりのパンを使えば、
見た目にも楽しい食卓になります。

A
ローズマリー ポテト

材料	つくりやすい分量・⅓斤食パン 10枚切りを10枚分（16mm幅）

- オリーブオイル … 大さじ1
- じゃがいも（皮ごと3mm幅の薄切り） … 中1個分（150g）
- ローサワークリーム（p.57下参照） … ½カップ
- 塩 … 小さじ½
- 粗びき黒こしょう … 適量
- ローズマリー … 適量

つくり方

1 フライパンにオリーブオイルを入れて熱し、中火でじゃがいもを表面がカリッとするまで焼いて、冷ましておく。

2 好みのパンに、ローサワークリーム、**1**の順に適量のせ、塩、黒こしょうをふり、ローズマリーをのせる。

B
紫たまねぎの マリネ

材料	つくりやすい分量・⅓斤食パン 10枚切りを10枚分（16mm幅）

A ┌ ・紫たまねぎ（薄切り） … 中1個分（150g）
- ケーパー … 大さじ2
- オリーブオイル … 大さじ1
└ ・塩 … 小さじ½〜1
- ディル … 適量

つくり方

1 ボウルに**A**を入れてよく混ぜる（しばらくおくと味がなじむ）。

2 好みのパンに**1**を適量のせて、ディルを飾る。

C
スプラウト× 豆腐ディップ

材料	つくりやすい分量・⅓斤食パン 10枚切りを10枚分（16mm幅）

- リコッタ豆腐ディップ*¹ … 適量
- ブロッコリースプラウト … ½パック

＊1：p.91「リコッタ豆腐ディップ」のレシピを参照。

つくり方

好みのパンに、リコッタ豆腐ディップ、スプラウトの順に適量のせる。

D
にんじんラペ

材料	つくりやすい分量・⅓斤食パン 10枚切りを10枚分（16mm幅）

A ┌ ・にんじん（千切り） … 中1本分（100g）
- レーズン … 大さじ1
- アーモンド（ロースト。細かく砕く）*¹ … 大さじ1
- レモン汁 … 小さじ1
└ ・塩 … 適量
- レモンスライス（2〜3mm幅のいちょう切り） … 5枚分

＊1：150℃のオーブンで15分ほどローストしたもの。市販の素焼きアーモンドでもよい。

つくり方

1 ボウルに**A**を入れてよく混ぜる。

2 好みのパンに**1**を適量のせて、レモンスライスを飾る。

E
黒豆×
お米クリーム

材料	つくりやすい分量・1/3斤食パン 10枚切りを10枚分（16mm幅）

- お米クリーム*1 … 1/2カップ
- 黒豆煮*2 … 50g

  *1：p.51フィリングの「お米クリーム」のレシピ
  を参照。
  *2：p.43「ほうじ茶と黒豆のマフィン」の［黒豆煮］
  の材料とつくり方 2 を参照。

つくり方

好みのパンに、お米クリーム、黒豆煮の
順に適量のせる。

F
オレンジ×
豆腐クリーム

材料	つくりやすい分量・1/3斤食パン 10枚切りを10枚分（16mm幅）

- 豆腐クリーム*1 … 1/2カップ
- オレンジ（房から実を取り出す）… 2〜3個分
- ミント … 適量

  *1：p.61「いちごのデコレーションケーキ」の［豆
  腐クリーム］の材料とつくり方を参照。

つくり方

好みのパンに、豆腐クリーム、オレンジ
の順に適量のせ、ミントを飾る。

G
いちじく×
ローサワークリーム

材料	つくりやすい分量・1/3斤食パン 10枚切りを10枚分（16mm幅）

- ローサワークリーム（下記参照）
  … 1/2カップ
- いちじく（くし形切り）… 2〜3個分
- タイム … 適量

つくり方

好みのパンにローサワークリーム、いち
じくの順に適量のせ、タイムを飾る。

H
アボカド×
ローマヨネーズ

材料	つくりやすい分量・1/3斤食パン 10枚切りを10枚分（16mm幅）

- ローマヨネーズ*1 … 1/2カップ
- アボカド（5mm幅にスライス）… 1個分
- 粗びき黒こしょう … 適量

  *1：p.87「ローマヨネーズ」のレシピを参照。

つくり方

好みのパンに、ローマヨネーズ、アボカ
ドの順に適量のせ、黒こしょうをふる。

ローサワー
クリーム

材料	つくりやすい分量

- カシューナッツ（生）… 120g
- レモン汁 … 40g
- 塩 … 小さじ1弱
- 水 … 50g
- メープルシロップ（好みで）
  … 小さじ1

つくり方

1　カシューナッツをたっぷりの水（分量外）に2〜
　4時間浸けて、軽く洗って水けを切る。

2　1とほかの材料をミキサーに入れてなめらかにな
　るまで混ぜる。ミキサーが回りづらい場合は、水
　小さじ1〜2（分量外）を少しずつ加えて調節する。

かんたん！ きれい！
オーブンシートの敷き方

生米パンの生地はくっつきやす
いためオーブンシートは不可欠。
いろいろな型に上手に敷くため
の方法をご紹介します。

角型

 **1**

 **2**

 **3**

型よりひと回り大きくオーブ
ンシートを切り、中央に底面
を当てて、底面の形に合わせ
て折り目をつける。

オーブンシートを、**1**でつ
けた折り目より2mmほど内側
でしっかりと折り目をつける。

シートを立ち上げる。このと
き側面と正面の辺を合わせて、
余った部分をつまみ折りにし、
側面に折りたたむ。

型に入れる。**2**で2mm内側を折ることで
内径に合うサイズになる。側面が浮くよ
うならクリップなどで固定して。

フライパン

 **1**

 **2**

 **3**

フライパンよりひと回り大き
い正方形に切ったオーブンシ
ートを三角形に折り、さらに
もう2回、三角形に折る。

1の最後の折り目を手前に
置き、手前の辺と斜辺を合わ
せて折る。同様にもう一度折
り、写真のように細長くする。

二等辺三角形をつくるように、
端を切る。

3を広げ、フライパンに敷く。底面よ
り大きく余るぶんは、フライパンの立
ち上がりに沿わせる。

丸型

 **1**

 **2**

 **3**

型よりひと回り大きい正方形
に切ったオーブンシートを、
三角形に折る。そこからさら
に2回、三角形に折る。

1の最後の折り目を手前に
置き、手前の辺と斜辺を合わ
せて折る。二等辺三角形をつ
くるように端を切る。

2を広げて型に敷く。型の高
さと同じ幅にオーブンシート
を切る。型の円周に足りなけ
ればホチキスで留めて足す。

3のオーブンシートを型の周囲に沿
わせて入れる。型から浮いていても、
生地を流し込むと重みでぴったりつく。

Chapter 3

からだにやさしい自然な甘さ
生米スイーツ

米の甘みをいかしてつくるスイーツは、
甘さ控えめながら、じんわりしみわたるおいしさ。
からだも心も癒されるレシピをご紹介します。

米に豆乳とアーモンドを加えて
しっとり仕上げたスポンジに、
豆腐クリームをたっぷりのせて。
甘酸っぱいいちごとの相性が格別です。

いちごのデコレーションケーキ

材料　丸型（直径12cm・底が取れるタイプ）
1台分

[スポンジ]

A
- 米 … 75g（浸水済100g）
- アーモンド*1 … 20g
- 豆乳 … 55g
- メープルシロップ*2 … 40g
- レモン汁 … 5g（小さじ1）
- 塩 … 1g（ひとつまみ）
- 油 … 40g

B
- ベーキングパウダー … 4g
- ベーキングソーダ（重曹） … 2.5g

[豆腐クリーム]
- 絹ごし豆腐 … 400g
- メープルシロップ*3 … 60g
- ココナッツオイル … 60g
- バニラエクストラクト*4
　… 小さじ½
- 塩 … 1g（ひとつまみ）

- いちご … 1パック

*1：アーモンドプードルでもよい。
*2：または砂糖27g＋水13g
*3：または砂糖40g
*4：またはバニラエッセンス2〜3滴

スポンジケーキのつくり方

1 型にオーブンシートを敷く（p.58参照）。

2 「プレーンマフィン」（p.42参照）の **1**〜**5** と同様にする。

3 型に生地を入れて、170℃に温めたオーブンで30〜35分、表面がきつね色になるまで焼く。

4 焼き上がったら網の上にのせ、粗熱が取れたら型を外して冷ます。

5 十分に冷めたら、オーブンシートをはがし、スポンジを横3枚にスライスする。

豆腐クリームのつくり方

1 豆腐をペーパータオルでくるんでバットに入れ、その上に皿などをのせて重しにする。冷蔵庫に一晩（8〜10時間）入れておき、250〜300gくらいになるまでしっかり水を切る。

2 ミキサーに**1**と残りの材料すべてを入れて、なめらかになるまで混ぜる。

3 ボウルに移し、ラップをして冷蔵庫で30分〜1時間冷やし固める。

飾り方

1 いちごはへたを取って洗い、6〜7個を上面の飾り用にとっておき、残りは5mm幅にスライスする。

2 回転台（なければ皿）に、下段のスポンジを置き、豆腐クリーム適量、スライスしたいちごの半量、豆腐クリーム適量の順に重ねる。

3 中段のスポンジをのせて、同様に豆腐クリーム適量、スライスしたいちごの残り、豆腐クリーム適量の順に重ねる。

4 上段のスポンジをのせ、上面と側面に豆腐クリーム適量を塗り広げる。残りの豆腐クリームを絞り袋で好みの形状に絞り、飾りのいちごをのせて、器に盛る。

ガトーショコラ

Let's bake a cake!

材料	丸型（直径12cm・底が取れるタイプ）1台分

A
- 米 … 45g（浸水済60g）
- アーモンド*1 … 20g
- 豆乳 … 50g
- メープルシロップ*2 … 70g
- カカオパウダー*3 … 20g
- 酢 … 5g（小さじ1）
- 塩 … 1g（ひとつまみ）

- ココナッツオイル … 20g

B
- ベーキングパウダー … 2g
- ベーキングソーダ（重曹）… 2.5g

＊1：アーモンドプードルでもよい。
＊2：または砂糖47g＋水23g
＊3：カカオ豆を焙煎せず生のまま粉砕して粉末にしたもの。
　　　純ココア（焙煎したものの粉末。無糖）でもよい。

つくり方

1 型にオーブンシートを敷く（p.58参照）。

2 「プレーンマフィン」（p.42参照）の 1 〜 5 と同様にする。

3 型に生地を入れて、170℃に温めたオーブンで30分ほど焼く。中心に竹串を刺して生地がつかなければ焼き上がり。

ほんのリビターな甘みは
お酒にも合いそうな大人の味。
アーモンドを加えて口の中で
ホロッととろける軽さを出します。
冷やすと生チョコのような食感に。

ふんわりふくらむ生地の秘密は
ちょっぴり加えた大豆にあります。
もっちりした食感は、米ならでは。
お好みでクリームやジャムを添えて。

シフォンケーキ

材料	シフォンケーキ型（直径14cm） 1台分

A
- 米 … 115g（浸水済150g）
- 大豆（乾燥）… 9g
- 豆乳 … 90g
- メープルシロップ*1 … 60g
- レモン汁 … 5g（小さじ1）
- 塩 … 2g（小さじ½弱）
- 油 … 45g
- ベーキングパウダー … 6g

＊1：または砂糖40g＋水20g

つくり方

1 大豆はさっと洗い、たっぷりの水に一晩（8〜10時間）浸けておく。

2 「プレーンマフィン」（p.42参照）の **1** と同様にする。

3 オーブンを180℃に予熱する。

4 「プレーンマフィン」の **3**〜**4** と同様にする（**a**）。

5 生地をボウルに取り出し、ベーキングパウダーを加えてゴムべらで手早く混ぜる。

6 型に生地を入れ、オーブンで25分ほど表面に焼き色がつくまで焼く。

7 焼き上がったらすぐに型をひっくり返して、完全に冷めるまでおく。

＊熱いうちに型から外すと縮んでしまうのでよく冷ます。

8 型の上下を返して、表面を中央に向かってそっと手で押しながら、外側の面の生地を型からはがす。中央の筒の周りはパレットナイフを差し込み、ぐるりと一周させて、生地をはがす。

9 底板をゆっくりと押し上げながら生地を底板ごと型から外す。

10 底板と生地の間にパレットナイフを差し込み、底板をはがすようにぐるりと一周させ、上下を返して、そっと型を引き抜く。

へらを揺らすと生地が落ちるほどのかたさ

シトラスのパウンドケーキ

材料 パウンド型（16×6.5×6cm）
1台分

[トッピング]
- ・レモン（国産）の輪切り … 5枚
- ・メープルシロップ … 大さじ1

A
- ・米 … 80g（浸水済105g）
- ・豆乳 … 50g
- ・メープルシロップ*1 … 50g
- ・レモン汁 … 10g（小さじ2）
- ・塩 … 2g（小さじ½弱）
- ・レモン（国産）の皮のすりおろし … 小さじ1
- ・ココナッツファイン … 30g
- ・油 … 50g
- ・ベーキングパウダー … 6g

*1：または砂糖34g＋水16g

つくり方

1 レモンの輪切りを［トッピング］のメープルシロップに一晩（8〜10時間）浸けておく。

2 「きほんの生米パン」（p.16〜17参照）の**1**、**4**と同様に米を浸水させ、使う直前によく水けを切る。

3 型にオーブンシートを敷く（p.58参照）。オーブンを170℃に予熱する。

4 **A**をすべてミキサーに入れ、「きほんの生米パン」の**6**と同様によく攪拌する。

5 ココナッツファインを加えて、細かくなるまで攪拌する。少しざらざらした感じが残る状態でよい。
＊ココナッツファインと米を同時に攪拌すると米が粉砕されにくくなるので、後から加える。

6 油を加えて、ミキサーの低速で、生地がもったりするまで攪拌する（**a**）。
＊生地がかたくてミキサーが回りにくい場合は、ボウルに移して混ぜてもよい。

7 生地をボウルに取り出し、ベーキングパウダーを加えてゴムべらで手早く混ぜる。

8 型に生地を入れる。上に**1**のレモンを汁けをよく切って並べる。オーブンで30〜35分焼く。中心に竹串を刺して生地がつかなければ焼き上がり。

すくい上げても落ちない。ココナッツファインが入っているのできめが粗め

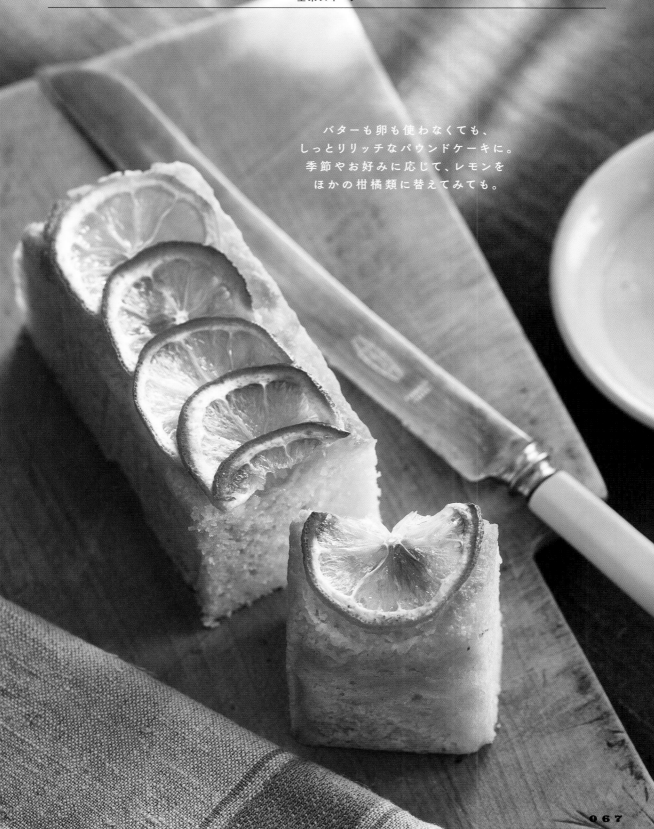

バターも卵も使わなくても、
しっとりリッチなパウンドケーキに。
季節やお好みに応じて、レモンを
ほかの柑橘類に替えてみても。

チーズのようなねっとりとした食感を
出すのは米の得意ワザ。
チーズを使っていないのに、
チーズ風味満点の不思議なケーキです。

チーズケーキ

材料	丸型（直径12cm・底が取れるタイプ） 1台分

［クラスト］

- アーモンド（生）[*1] … 30g
- デーツ … 20g
- 塩 … 1g（ひとつまみ）
- 水 … 小さじ½

［フィリング］

A
- 豆乳ヨーグルト … 300g
- メープルシロップ[*2] … 60g
- 米 … 30g（浸水済40g）
- レモン汁 … 5g（小さじ1）
- 塩 … 0.5g（少々）

- ココナッツオイル[*3] … 50g

*1：アーモンドプードルでもよい。
*2：または砂糖40g＋水20g
*3：固まっているときは温めてから使う。

クラストのつくり方

1 型にオーブンシートを敷く（p.58参照）。

2 クラストの材料すべてをフードプロセッサーに入れて混ぜる。指でつまむとかたまりになるくらいの細かさまで粉砕する（）。

> *フードプロセッサーがない場合：丈夫なポリ袋にアーモンドを入れて麺棒などで叩いて砕き、別のポリ袋に粗みじん切りしたデーツとともに入れて手でもみつぶしながら混ぜる。

3 型に**2**を広げ入れ、スプーンの背で押しつけながら平らにし、全体に敷きつめる。

つくり方

1 ボウルに、ペーパータオルを敷いたざるをのせ、ヨーグルトを入れてラップをする。冷蔵庫に一晩（8〜10時間）おき、もとの半量になるまで水を切る。

2 「きほんの生米パン」（p.16〜17参照）の**1**、**4**と同様に米を浸水させ、使う直前によく水けを切る。オーブンを170℃に予熱する。

3 **A**をすべてミキサーに入れて、「きほんの生米パン」の**6**と同様にしてよく攪拌する。

4 ココナッツオイルを加えて、生地がもったりとしてなめらかになるまでミキサーで攪拌する（）。

5 **4**を、クラストを敷いた型に入れる。オーブンで35〜40分、表面にうっすら焼き色がつくまで焼く。

6 粗熱が取れたら型から出し、網の上で冷ます。冷蔵庫でしっかり冷やし固めてからカットする。

> *冷蔵で3日ほど保存可能。

ポロポロとした粗い粒が残っている

ゴムべらを揺らすと落ちるくらいのかたさ

ホットビスケット

| 材料 | マフィン型（口径5.6×高さ3.4cm）6個分 |

A
- 米 … 90g（浸水済120g）
- 絹ごし豆腐 … 80g
- メープルシロップ[*1] … 8g（小さじ1）
- レモン汁 … 2.5g（小さじ½）
- 塩 … 2g（小さじ½弱）

- ココナッツオイル[*2] … 35g
- ベーキングパウダー … 6g

*1：または砂糖5g＋水5g
*2：固まっているときは温めてから使う。

ヴィーガンバター

| 材料 | つくりやすい量 |

- ココナッツオイル … 100g
- 豆乳ヨーグルト … 30g
- 塩 … 2〜3g

つくり方

すべての材料をミキサーに入れて、とろっとしたクリーム状になるまで混ぜる。

*気温が低いときなど、ココナッツオイルが固まっている際は少し温めてから入れる。また、開封したてのヨーグルトを使えば冷凍保存が可能。使うときは常温で解凍し、2〜3日で使いきって。

つくり方

1 「きほんの生米パン」(p.16〜17参照)の **1**、**4** と同様にして米を浸水させ、使う直前によく水けを切る。

2 オーブンを180℃に予熱する。

3 **A** をすべてミキサーに入れて、「きほんの生米パン」の **6** と同様によく攪拌する。

4 ココナッツオイルを加えて、生地がもったりとしてなめらかになるまでミキサーで攪拌する（**a**）。

5 生地をボウルに取り出し、ベーキングパウダーを加えてゴムべらで手早く混ぜる。

6 グラシンカップを敷いた型に、**5** の生地を⅙量ずつ入れる。表面に霧を吹き、オーブンで20分、表面に焼き色がつくまで焼く。

※好みでヴィーガンバター（右上参照）やジャム、メープルシロップなどを添える。

ゴムべらを揺らしても生地が落ちないほどの粘度がある

豆腐を加えて、外はサクサク、
中はふっくらの食感を出しました。
焼き立てか、オーブントースターで
温めたものを食べましょう。

水分を極限まで減らして
ざくざくとした食感を実現。
薄くのばしてよく焼くのが
カリッと仕上げるコツです。

生米クッキー

let's have
a taste

材料 天板1枚分（5cm四方約30枚分）

┌ • 米 … 90g（浸水済120g）
A • メープルシロップ*¹ … 65g
└ • 塩 … 1g（ひとつまみ）
• 油 … 25g
• ココナッツファイン … 100g

＊1：または砂糖44g＋水21g

つくり方

1 「きほんの生米パン」（p.16～17参照）の **1**、**4** と
同様にして米を浸水させ、使う直前によく水けを
切る。オーブンを160℃に予熱する。

2 **A** をすべてミキサーに入れて、10秒程度回しては
止める動作を何度もくり返して、ペースト状にす
る。途中、生地がミキサーの側面に飛び散って付
着するので、ゴムべらでこそぎ落として生地全体
を均等に攪拌する。

＊生地がかたいので、少し攪拌しては止める動作を何回かくり返して、
時間をかけて粉砕する。

3 油を加えて、生地がぼってりとするまでミキサー
で攪拌する（**a**）。

水分が少なくぼってりとした重い生地に

4 生地をボウルに取り出し、ココナッツファインを
加えてゴムべらで全体を混ぜる（**b**）。

5 天板のサイズにオーブンシートを切り、その上に
生地をのせて麺棒で1～2mm厚さにのばし、パレッ
トナイフで好みの大きさに切り込みを入れ、天
板に並べる。

6 オーブンで12～15分、表面にこんがり焼き色が
つくまで焼く。冷めたら切れ込みに沿って割る。

水分が吸われて粘土のようなかたさに

生米パンが余ったら…
カリカリラスク

食べきれなかった生米パンは、
こんな食べ方もおすすめ。
フレーバーはお好みで
アレンジしてみて。

材料	約30枚分

- 「きほんの生米パン」など好みの
  パン … 1本
- ヴィーガンバター（p.70参照）
  … 60g

［フレーバー］

- ガーリックパウダー
  またはにんにく … 適量
- メープルシロップ … 適量
- ココナッツシュガー … 適量

つくり方

1 天板にオーブンシートを敷く。オーブンを150℃に予熱する。

2 生米パンを5mm幅にスライスして天板に並べる。

3 オーブンで15分焼いてこんがりしたら取り出し、ヴィーガンバターを塗る。

4 ［ガーリックフレーバー］
3にガーリックパウダーをかけるか、にんにくをこすりつける。

［メープルフレーバー］
3にメープルシロップを塗る。

［ココナッツフレーバー］
3にココナッツシュガーをふりかける。

5 各フレーバーの味付けをしたものを、再び天板に並べ、150℃のオーブンでさらに10分ほど、こんがりとした焼き色がつくまで様子を見ながら焼く。

オーブンなしでかんたんお手軽
フライパンで生米パン

発酵から焼成までフライパンを使ってつくる、
生米パンのバリエーション。
初心者の方も気軽に挑戦しやすいレシピです。

ふっくら蒸しパン

フライパンならではの「蒸す」パン。
混ぜる素材をほかの野菜などで試す場合は、
水の量を控えめにしましょう。

蒸しパン プレーン

材料	プリンカップ（口径6.3×高さ3.2cm） 5個分

- 米 … 115g（浸水済150g）
- 油 … 26g（大さじ2）
A ・ メープルシロップ*1 … 25g
- 塩 … 2g（小さじ½弱）
- 水 … 60g
- ベーキングパウダー … 6g

＊1：または砂糖17g＋水8g

つくり方

1 「きほんの生米パン」（p.16〜17参照）の **1**、**4** と
同様に米を浸水させ、使う直前によく水けを切る。

2 **A** をすべてミキサーに入れ、「きほんの生米パン」
の **6** と同様に攪拌する。ざらつきがなくなり、と
ろりとなめらかになるまでしっかりと混ぜる。

3 フライパンに、型の高さの⅓になる程度の水（分
量外）を入れて沸騰させる。生地をボウルに取り
出し、ベーキングパウダーを加えてゴムべらで手
早く混ぜる。

4 型にグラシンカップを敷き、生地を入れる。

5 フライパンに **4** を並べ入れる（**a**）。フライパン
のふたをして12分蒸す。

抹茶の蒸しパン

材料	プリンカップ（口径6.3×高さ3.2cm） 5個分

- 「蒸しパン プレーン」の材料
  … 全量（水は40gにする）
- 抹茶 … 小さじ1

つくり方

1 「蒸しパン プレーン」の **1** と同様にする。

2 「蒸しパン プレーン」の **2** と同様にミキサーで材料を攪拌する際、抹茶も加える。

3 「蒸しパン プレーン」の **3** 〜 **5** と同様にする。

かぼちゃの蒸しパン

材料	プリンカップ（口径6.3×高さ3.2cm） 5個分

- 「蒸しパン プレーン」の材料
  … 全量（水は40gにする）
- かぼちゃ（皮をむき2〜3cm角に切る）… 30g

つくり方

1 「蒸しパン プレーン」の **1** と同様にする。

2 「蒸しパン プレーン」の **2** と同様にミキサーで材料を攪拌する際、かぼちゃも加える。

3 「蒸しパン プレーン」の **3** 〜 **5** と同様にする。

ピ ザ

とろりとした生米パン生地なら、
フライパンの形を利用して
まん丸ピザがかんたんにできます。
もっちりした生地が本格的！

材料	直径約18cm1枚分・すべて共通

- 「きほんの生米パン」の材料（p.15参照）… 全量
- 好みのトッピング（下記参照）… 全量

つくり方

1 「きほんの生米パン」（p.16〜17参照）の **1** と同様に米を浸水させる。フライパンに敷くオーブンシートを2枚用意し、1枚を敷く（p.58参照）。

2 「きほんの生米パン」の **3** 〜 **7** と同様にして生地をつくり、フライパンに流し入れる。生地の上に各［トッピング］をつくり方通りにしてのせる。

3 フライパンよりひと回り小さい鍋に約50℃の湯を用意し、その上に **2** のフライパンをのせてふたをする（**a**）。そのまま30分ほどおいて発酵させる。途中、湯温が下がったら温める。

4 生地がもとの2倍程度にふくらんだら、ふたをしたままフライパンを弱火にかけ、10分焼いたら裏返してさらに5分焼く。

＊裏返し方：**1**のもう1枚のオーブンシートを上にかぶせて、その上にまな板をのせてフライパンを裏返す。フライパンを外し、ピザ生地を下のオーブンシートごとフライパンに戻す。

［トッピング］

バジルとガーリック

材料	1枚分

- にんにく（薄切り）… 1かけ分
- オリーブオイル … 大さじ2
- バジル（葉のみ）… 10枚
- 塩 … 5g（小さじ1）
- 粗びき黒こしょう … 適量

つくり方

にんにくをオリーブオイルで軽くあえて、フライパンに入れた生地にオリーブオイルごと散らし、バジルものせたら、塩、黒こしょうをふる。

ドライトマト

材料	1枚分

- セミドライトマト
  （オイル漬け。ひと口大に切る）
  … 7〜8個分
- 粗びき黒こしょう … 適量

つくり方

フライパンに入れた生地の上に、油を切ったセミドライトマトを散らして、塩（分量外。セミドライトマトが無塩の場合）、黒こしょうをふる。

きのこ

材料	1枚分

- マッシュルーム（薄切り）
  … 3〜4個分
- オリーブオイル … 大さじ2
- 塩 … 5g（小さじ1）
- 粗びき黒こしょう … 適量
- ローズマリー … 4枝

つくり方

マッシュルームをオリーブオイルで軽くあえ、フライパンに入れた生地の上に広げたら塩、黒こしょうをふり、ローズマリーをのせる。

おやき

長野県の郷土料理で、
もとは米の代用食だったおやき。
ぜいたくにも米でつくると、
和惣菜の具材と相性抜群の
仕上がりに！

| 材料 | プリンカップ（直径6.3×高さ3.2cm）6個分
すべて共通 |

- 「きほんの生米パン」の材料（p.15参照）… 全量
- 好みのおやきの具材（p.81参照）… 全量

| つくり方 | すべて共通 |

1 「きほんの生米パン」（p.16〜17参照）の **1**、**3**〜**7**と同様にして生地をつくる。

2 フライパンに型を並べ入れて、グラシンカップを敷く。**1**を1/12量ずつ入れ、好みの［おやきの具材］を1/6量ずつ入れる。その上に残りの生地を1/6量ずつ入れる。

3 **2**のフライパンに、型の高さの1/3くらいまで水（分量外）を入れて40〜50℃に温める。

4 ふたをして、30分ほど発酵させる。途中、湯温が下がったら温める。

5 生地がもとの2倍程度にふくらんだら、ふたをしたままフライパンを強火にかけ、湯気が出てきてから10〜12分蒸す。

［こんがり焼き目をつけたい場合］

6 型を一度取り出し、**5**のフライパンの湯を捨てて、フライパンにオーブンシートを敷く（p.58参照）。型の上下を返して戻し入れ、強火で2〜3分、こんがり焼き目がつくまで焼く。

［おやきの具材］

切り干し大根

材料	おやき6個分

- 切り干し大根 … 20g
- にんじん（太めの千切り）… 2〜3cm分（15g）
- ごま油 … 小さじ1
- ┌ ・しょうゆ … 小さじ2
- **A** ・みりん … 小さじ2
- └ ・水 … 1カップ

つくり方

1 切り干し大根を水で戻し、かたく絞って2〜3cm長さに切っておく。

2 小鍋にごま油を入れて熱し、中火で切り干し大根とにんじんをさっと炒める。

3 Aを加え、ふたをして10〜15分、水分がなくなるまで煮る。

なすのみそ炒め

材料	おやき6個分

- ごま油 … 大さじ2
- なす（1cm幅に切る）… 小3本分（200g）
- しょうが（千切り）… 1かけ分
- みそ … 大さじ1強
- メープルシロップ … 小さじ1

つくり方

フライパンにごま油を入れて熱し、中火でなすとしょうがを炒める。なすがしんなりしたら、みそとメープルシロップを加えて全体になじませる。

キャベツときのこのしょうゆ炒め

材料	おやき6個分

- ごま油 … 大さじ2
- キャベツ（2〜3cm大に切る）… 2枚分（100g）
- しめじ（2〜3cm長さに切る）
  … 1パック分（100g）
- しょうが（千切り）… 1かけ分
- しょうゆ … 小さじ2

つくり方

1 フライパンにごま油を入れて熱し、中火でしょうがとキャベツ、しめじを炒め合わせる。

2 しょうゆを回しかけて全体をざっと混ぜる。

わけぎみそ

材料	おやき6個分

- ごま油 … 大さじ1
- わけぎ（2〜3cm長さに切る）… 4〜5本分
- しょうが（千切り）… 1かけ分
- みそ … 大さじ1

つくり方

1 フライパンにごま油を入れて熱し、中火でわけぎとしょうがをしんなりするまで炒め合わせる。

2 みそを加えて全体になじませる。

軽くトーストすると
外はカリッ、中はもっちり。
ヴィーガンバターを添えると最高。
朝食におすすめのパンです。

イングリッシュマフィン

材料	セルクル（直径8×高さ2.5cm） 4個分

- 「きほんの生米パン」の材料（p.15参照）
  … 全量
- コーングリッツ*¹ … 大さじ2

＊1：とうもろこしをひいた粉

つくり方

1 「きほんの生米パン」（p.16〜17参照）の **1** と同様にして米を浸水させる。

2 フライパンにオーブンシートを敷き（p.58参照）、その上にセルクルを並べる。セルクルの内側の側面に、セルクルの高さと同じ幅に切ったオーブンシートを沿わせる（**a**）。

3 セルクルの中にコーングリッツを1/8量ずつ、均一になるように広げる（**b**）。

4 「きほんの生米パン」の **3**〜**7** と同様にして生地をつくり、セルクルに流し入れる。フライパンのあいたところに熱湯を入れた器を置く。

＊熱湯を入れておくと生地の乾燥を防ぐことができる。

5 フライパンよりひと回り小さい鍋に約50℃の湯を用意し、その上にフライパンをのせてふたをする（**c**）。そのまま30分ほどおいて発酵させる。途中、湯温が下がったら温める。

6 生地がもとの2倍程度にふくらんだら、湯を入れた器を取り出し、生地表面に霧を吹いて、残りのコーングリッツを1/4量ずつ広げる。

7 フライパンにふたをして弱火にかけ、10分焼く。セルクルを裏返してさらに5分焼く。

＊軍手をした手で裏返すとやりやすい（やけどに注意）。

8 セルクルごと取り出して網にのせ、粗熱が取れたら型を外す。

ふわふわの秘密は
豆乳ヨーグルト。
軽い生地は、焼くと
ふんわり高さが出ます。

ふんわりパンケーキ

材料	直径9cm4枚分

- 米 … 90g（浸水済120g）
- 豆乳ヨーグルト … 80g
- **A** メープルシロップ[*1] … 20g（大さじ1）
- レモン汁 … 2.5g（小さじ½）
- 塩 … 2g（小さじ½弱）
- ココナッツオイル … 20g
- ベーキングパウダー … 6g

＊1：または砂糖13g＋水7g

つくり方

1 「きほんの生米パン」（p.16〜17参照）の**1**、**4**と同様にして米を浸水させ、使う直前によく水けを切る。

2 **A**をすべてミキサーに入れて、「きほんの生米パン」の**6**と同様によく攪拌する。

3 ココナッツオイルを加えて、生地がもったりとしてなめらかになるまで、ミキサーで攪拌する。

4 生地をボウルに取り出し、ベーキングパウダーを加えてゴムべらで手早く混ぜる。

5 中火で熱したフライパンに油小さじ¼（分量外）を入れてペーパータオルで全体になじませ、ぬれ布巾の上にのせて5秒ほどおく。

＊ぬれ布巾の上にのせることでフライパンの温度が均一になり、きれいに焼ける。

6 フライパンを火に戻し、**4**の生地の¼量を流し入れる。生地にポツポツと穴があいてきたら裏返し、さらに2〜3分焼く。残り3枚分も同様にして焼く。

＊好みでヴィーガンバターをのせ、メープルシロップをかける。

It's so big!

しっとりパンケーキ

材料　直径12cm3枚分

- 米 … 90g（浸水済120g）
- 甘酒 … 40g
- **A** 豆乳 … 30g（大さじ2）
- レモン汁 … 2.5g（小さじ½）
- 塩 … 2g（小さじ½弱）
- ココナッツオイル … 20g
- ベーキングパウダー … 6g

つくり方

「ふんわりパンケーキ」の 1 ～ 6 と同様にして
3枚焼く。

甘酒を入れることで
しっとり感がぐっと増します。
そのまま食べてもおいしいですが、
ディップを添えて軽食にしても。

米とじゃがいもでシンプル
に仕上げ、どんな素材とも
好相性。もっちり生地に
たっぷり野菜をはさんで！

お米の生地は、薄くても
しっとり。お皿にのせて
クリームと果物を添えて
いただくのもおすすめ。

トルティーヤ

| 材料 | 直径18cmのもの4枚分 |

[トルティーヤ] 直径18cmのもの4枚分

A
- 米 … 90g（浸水済120g）
- じゃがいも（皮をむき2～3cm
  角に切る）… 30g
- 油 … 13g（大さじ1）
- 塩 … 1g（ひとつまみ）　• 水 … 90g

[トルティーヤの具] 4個分
- ローマヨネーズ（右下参照）… 大さじ4
- サニーレタス … 4枚
- アボカド（半分に切り5mm幅に切る）
  … 1個分
- にんじん（千切り）… 1本分
- 紫キャベツ（千切り）… 1/8個分
- パプリカ（好みの色。千切り）… 1個分

つくり方

1 「きほんの生米パン」（p.16～17参照）の**1**、**4**と同様に米を浸水させ、使う直前によく水けを切る。

2 **A**をすべてミキサーに入れて、「きほんの生米パン」の**6**と同様によく攪拌する。とろりとなめらかになるまでしっかりと混ぜる。

3 弱火で熱したフライパンに、油小さじ1/4（分量外）を入れてペーパータオルで全体になじませ、**2**の1/4量を薄く広げ入れる。
＊ホットプレートで焼いてもよい。

4 表面が乾いてきたら裏返し、さらに1～2分焼く。残り3枚分も同様にして焼く。

5 焼き上がったトルティーヤ生地に、具を1/4量ずつのせて巻く。
＊ワックスペーパーで包むと食べやすい。

クレープ

| 材料 | 直径20cmのもの4枚分 |

A
- 米 … 90g（浸水済120g）
- メープルシロップ *1 … 25g（大さじ1強）
- アーモンド（生）*2 … 10g
- 塩 … 1g（ひとつまみ）
- 油 … 13g（大さじ1）
- 水 … 140g

[クレープの具] 各2枚分
B
- 豆腐クリーム（p.61参照）… 1/2カップ
- 旬のフルーツ … 適量
C
- チョコレートクリーム（右記参照）
  … 1/2カップ
- バナナ（5mm幅に切る）… 1本分

＊1：または砂糖17g＋水8g
＊2：アーモンドプードルでもよい。

つくり方

1 「トルティーヤ」の**1**～**4**と同様にする。

2 焼き上がったクレープ生地に、**B**、**C**の各クリームの1/2量、各フルーツ適量の順にのせて巻く。

ローマヨネーズ

| 材料 | つくりやすい分量 |

- カシューナッツ（生）… 120g
- レモン汁 … 20g
- 塩 … 小さじ1弱
- 水 … 80g
- メープルシロップ（好みで）*1
  … 小さじ1

＊1：甘めのマヨネーズが好みの人は加える。

つくり方

1 カシューナッツをたっぷりの水（分量外）に2～4時間浸けて、軽く洗って水けを切る。

2 **1**と残りの材料をミキサーに入れて、とろりとなめらかになるまで攪拌する。ミキサーが回りづらい場合は、水小さじ1～2（分量外）を少しずつ加えて調節する。

チョコレートクリーム

| 材料 | つくりやすい分量 |

- 「豆腐クリーム」の材料
  （p.61参照）… 全量
- カカオパウダー*1 … 40g
- メープルシロップ … 大さじ1

＊1：生のカカオ豆を粉にしたもの。純ココア（無糖）でもよい。

つくり方

1 すべての材料をミキサーに入れ、なめらかになるまで混ぜる。

2 ボウルに移し、ラップをして冷蔵庫で30分冷やし固める。

ペタンコ大あんパン

薄く焼くことで中のあんと
パン生地がしっとりなじみます。
かじりついて食べたい！

| 材料 | 直径18cmのもの1個分 |

- 「きほんの生米パン」の材料（p.15参照）… 全量
- 紫いもあん（下記参照）… 200g

| つくり方 |

1 「きほんの生米パン」（p.16〜17参照）の **1** と同様に米を浸水さ
せる。フライパンにオーブンシートを敷く（p.58参照）。

2 紫いもあんは、ラップの上に直径15cmくらいに広げておく。

3 「きほんの生米パン」の **3**〜**7** と同様にして生地をつくり、フ
ライパンに半量を流し入れる。

4 **2** のラップの面を上にして、紫いもあんを **3** の上に置いてラッ
プをはがす（**a**）。その上に残りの生地を流し入れる。

5 フライパンよりひと回り小さい鍋に約50℃の湯を用意し、そ
の上に **4** のフライパンをのせてふたをする。そのまま30分ほ
どおいて発酵させる。途中、湯温が下がったら温める。

6 生地がもとの2倍程度までふくらんだら、ふたをしたままフラ
イパンを弱火にかける。10分ほど表面が乾くまで焼いたら霧
を吹いて、裏返し（p.79 **4** の裏返し方参照）さらに5分焼く。

生地のふちを少し残し
て紫いもあんを置き、
端からラップをはがす

紫いもあん

| 材料 | つくりやすい分量 |

- 紫いも（皮をむき1cm幅に切る）*1
… 1本分（200g）
- メープルシロップ*2 … 50g
- 塩 … 適量

*1：普通のさつまいもでもよい。
*2：または砂糖34g＋水16g

| つくり方 |

1 小鍋に紫いもと、ひたひたの水（分量外）を入れ、
ふたをして約10分、いもが煮崩れるくらいのや
わらかさになるまでゆでる。ゆで上がったらざる
に上げて冷ます。

2 **1** と残りの材料をフードプロセッサーに入れ、な
めらかなペースト状になるまで混ぜる。

＊フードプロセッサーがない場合：**1** のざるに上げて水け
を切ったいもをすぐに鍋に戻し、残りの材料を入れて弱
火にかける。木べらでいもをつぶしながら水分がなくな
りペースト状になるまで煮る。

Chapter 5

暮らしを彩る食卓のアイデア
生米パンのおとも

生米パンと相性ぴったりの
スープやディップ、サラダのレシピ。
パン教室でも大好評の品々です。

生米パンのある食卓

家族みんなで楽しむある日の食事。
野菜たっぷりのディップや
サラダは子どもたちにも大人気です。

A パイナップルとミントのスムージー

材料	4人分

- パイナップル（皮をむき2〜3cm角に切る）… ½個分
- ミント … ½カップ　　• レモン汁 … 大さじ1
- 水 … ½カップ

つくり方

ミキサーにすべての材料を入れて、なめらかなシェイク状になるまで攪拌する。水分が足りなければ水適量（分量外）を足す。

B ベビーリーフと旬の柑橘のサラダ

材料	4人分

- ベビーリーフ … 1パック
- 旬の柑橘（房から実を取り出す）… 1個分
- ピーカンナッツ（ロースト）*[1]… 大さじ2
- ドライクランベリー … 大さじ2
- バルサミコ酢 … 大さじ1　　• オリーブオイル … 大さじ1
- 塩、粗びき黒こしょう … 各適量

＊1：160℃のオーブンで10分ほどローストしたもの。市販の素焼きのものでもよい。

つくり方

1. ベビーリーフと柑橘を器に盛る。

2. ピーカンナッツとクランベリーを1の上に散らす。

3. バルサミコ酢、オリーブオイルを回しかける。

4. 器に盛り、塩と黒こしょうをふる。

C バジルのディップ

材料 つくりやすい分量

- アーモンド（ロースト）*¹ … 35g
- ゆで豆（いんげん豆、ひよこ豆、レンズ豆など）*² … 200g
- バジル（葉のみ）… 10〜20枚（5g）
- にんにく（すりおろす）… ½かけ分
- レモン汁 … 大さじ2〜3
- オリーブオイル … 大さじ2　• 塩 … 小さじ½

＊1：150℃のオーブンで15分ほどローストしたもの。市販の素焼きのものや、8〜12時間浸水させた生のものでもよい。
＊2：缶詰やパック入りの市販品でもよい。

つくり方

1 アーモンドをフードプロセッサーに入れて、細かい粒になるまで攪拌する。

2 1に残りの材料をすべて加えて、ペースト状になるまで混ぜる。味が足りなければ塩少々（分量外）を足して調味する。

D リコッタ豆腐ディップ

材料 つくりやすい分量

- 木綿豆腐 … 200g　• オリーブオイル … 小さじ2
- オニオンパウダー*¹ … 適量
- ガーリックパウダー*¹ … 適量
- バジル（乾燥）… 1g（小さじ1）
- レモン汁 … 小さじ1　• 塩 … 小さじ½
- 白みそ … 小さじ1　• 粗びき黒こしょう … 適量

＊1：たまねぎ（みじん切り50g）、にんにく（みじん切り1かけ分）をオリーブオイル少々でさっと炒めて加えてもよい。

つくり方

1 豆腐をペーパータオルでくるんでバットに入れ、その上に皿などをのせて重しにする。冷蔵庫に一晩（8〜10時間）入れておき、約150gになるまで水を切る。

2 1と残りの材料をすべて加えてフォークでつぶしながら混ぜる。

E マッシュルームのディップ

材料 つくりやすい分量

- アーモンド（ロースト）*¹ … 120g
- マッシュルーム … 10個（120g）
- オリーブオイル … 大さじ2
- 塩麹 … 大さじ2　• 粗びき黒こしょう … 適量

＊1：150℃のオーブンで15分ほどローストしたもの。市販の素焼きのものや、8〜12時間浸水させた生のものでもよい。

つくり方

1 アーモンドをフードプロセッサーに入れて、細かい粒になるまで攪拌する。

2 1に残りの材料をすべて加え、粒が残るくらいのペースト状になるまで混ぜる。
＊完全なペーストになるまで攪拌するより、粒を残したほうが食感を楽しめる。

F 赤パプリカのディップ

材料 つくりやすい分量

- 赤パプリカ … 500g
- アーモンド（ロースト）*¹ … 35g
- トマトペースト … 大さじ1
- にんにく（すりおろす）… ½かけ分
- レモン汁 … 小さじ2　• オリーブオイル … 小さじ2
- パプリカパウダー（スモーク）… 小さじ½
- 塩 … 小さじ¼〜½

＊1：150℃のオーブンで15分ほどローストしたもの。市販の素焼きのものや、8〜12時間浸水させた生のものでもよい。

つくり方

1 パプリカをグリルで黒焦げになるまで焼き、冷めたら皮をむく。

2 アーモンドをフードプロセッサーに入れて、細かい粒になるまで攪拌する。

3 2に残りの材料をすべて加えて、ペースト状になるまで混ぜる。塩は味をみながら調整する。

生米パンに合う季節のスープ

スープと生米パンがあればそれだけでごちそう。旬の野菜をたっぷり使って、季節ごとの食卓を楽しみましょう。

ローストトマトスープ

材料　4人分

- トマト … 中3個（500g）
- たまねぎ（くし形切り）… 中¼個分（50g）
- にんにく（薄切り）… 1かけ分
- 好みのフレッシュハーブ … ¼カップ
- オリーブオイル … 大さじ1
- レモン汁 … 小さじ1
- メープルシロップ … 小さじ1
- 塩 … 小さじ½

つくり方

1 材料をすべて耐熱容器に入れ、200℃に温めたオーブンで30分ローストしたら冷ましておく。

2 1をミキサーに入れて、なめらかになるまで攪拌する。味が足りなければ塩適量（分量外）で調える。器に盛り、好みで粗びき黒こしょうをふる。

春

夏が旬のイメージがある
トマトですが、
実は糖度が増して
おいしくなるのは春。
ローストするひと手間が
味の決め手です。

とうもろこしのスープ

| 材料 | 4人分 |

A
- とうもろこし（蒸してから実をこそげ取る）
  … 1本分
- 塩 … 小さじ1
- 水 … 300㎖
- 好みのハーブ … 適量

つくり方

1 Aをミキサーに入れ、なめらかになるまで攪拌する。味が足りなければ塩適量（分量外）を足して味を調える。

2 こし器や、ざるにさらしを敷いたものを使って**1**をこし、冷蔵庫でよく冷やす。

3 器に盛り、好みのハーブをのせる。好みで粗びき黒こしょうをふる。

夏

旬のとうもろこしの甘みを
塩が引き出します。
素材のうまみを存分に味わう、
シンプルながら奥深い一品。

秋

きのこのうまみがぎゅっと詰まった、
滋味豊かなスープ。
舞茸のほかマッシュルームで
つくってもおいしいです。

きのこのポタージュ

材料	4人分

- じゃがいも … 小 1 個（100g）
- たまねぎ … 小¼個（30g）
- セロリ（薄切り）… 2〜3㎝分（10g）
- 舞茸 … ½パック（50g）
- アーモンド*¹ … 15g
- 干し椎茸 … 1 枚
- 昆布 … 10㎝
- 塩 … 小さじ½
- ローリエ … 1 枚
- 水 … 500㎖

＊1：12時間浸水してから使う。市販の素焼きのものでもよい。

つくり方

1 じゃがいも、たまねぎ、セロリはざく切りにし、舞茸は手でほぐす。すべての材料を鍋に入れ、20分ほど材料がやわらかくなるまで煮たら、干し椎茸の軸、昆布、ローリエを取り出して冷ます。

2 1をミキサーに入れて、なめらかになるまで攪拌する。味が足りなければ塩適量（分量外）を加えて調える。

3 鍋に戻し温めてから器に盛り、好みで粗びき黒こしょうをふる。

冬

からだの中からじんわり温まる
さらっとした素朴なスープ。
カリフラワー×そばの実の
意外な組み合わせを楽しんで。

カリフラワーのスープ

材料	4人分

- オリーブオイル … 小さじ1
- にんにく（みじん切り）… 1かけ分
- そばの実 … ¼カップ
- タイム … 2本
- 塩 … 小さじ1弱
- 水 … 600㎖
- カリフラワー（ひと口大に切る）… 100g

つくり方

1 中火で熱した片手鍋に、オリーブオイルとにんにくを入れ、香りが立つまで炒める。

2 そばの実、タイム、塩、水を加え、ふたをして15分ほど材料がやわらかくなるまで煮る。

3 カリフラワーを加え、ひと煮立ちさせて火を止める。

It'll
warm me up

リト史織（りと しおり）

ヴィーガン料理家。調理師、クシマクロビオティックインストラクター、米粉マイスターインストラクター、ローフードマイスター、ロースムージーエキスパート、ローフード栄養学1級と多数の資格を持つ。大学卒業後、現エコール辻東京 辻日本料理マスターカレッジで学び、その後、飲食店、洋菓子店などに勤務。出産後、マクロビオティック、米粉、グルテンフリー、ローフードなどについて学ぶ。生米からパンやお菓子をつくることを提案し、自宅サロンにて生米パン講座、生米スイーツ講座、ローフード講座などを開催。教室は常にキャンセル待ちで予約が取れないほどの大人気。
ウェブサイト https://vegan-pantry.com/
インスタグラム @shioris_vegan_pantry
ツイッター @shiorileto

Staff
- 撮影：北川鉄雄、石田純子
- スタイリング：坂上嘉代
- 編集協力、文：岡田夏子
- モデル：蒼空、仁花
- デザイン：細山田光宣＋木寺 梓
　　　　　　（細山田デザイン事務所）
- イラスト：takayo akiyama

食材協力
- 宍戸農園
- こだわり食材572310.com
- サラ秋田白神

撮影協力
- UTUWA
- AWABEES

Special Thanks
- Vitamix（Entrex）

生のお米をパンに変える魔法のレシピ
はじめての生米パン

2020年2月29日 初版1刷発行
2022年7月5日 　　 5刷発行

著　者	リト史織
発行者	三宅貴久
発行所	株式会社 光文社
	〒112-8011　東京都文京区音羽1-16-6
電話	編集部 03-5395-8172
	書籍販売部 03-5395-8116
	業務部 03-5395-8125
メール	non@kobunsha.com

落丁本・乱丁本は業務部へご連絡くだされば、お取り替えいたします。

組　版	萩原印刷
印刷所	萩原印刷
製本所	ナショナル製本